Das I Love Me Prinzip
Die 23 Gesetze des Glücklichseins

AF220542

Text: Daniel Hauenstein
Grafik: Juan Donadon
Fotos: Fotolia / Pixabay

www.iloveme.one

Daniel Hauenstein

Das I Love Me Prinzip

Die 23 Gesetze des GLÜCKLICHSEINS

Ein Buch, das dein Leben positiv verändern wird

Bibliografische Information der Deutschen Nationalbibliothek: Die Deut-sche Nationalbibliothek verzeichnet diese Publikation in der Deutschen Nationalbibliografie; detaillierte bibliografische Daten sind im Internet über <u>dnb.dnb.de</u> abrufbar.

1. Auflage
Deutschsprachige Erstausgabe September 2020
Copyright © 2020 Neue Lebenswege S.A., Panama

Herstellung und Verlag: BoD – Books on Demand, Norderstedt

ISBN: 978-3-751967-70-9

Inhaltsverzeichnis

Zu diesem Buch

Aus den Erfahrungen seiner Arbeit als Therapeut und seiner eigenen großen Lebenskrise im Jahr 2008 entwickelte der Schweizer Daniel Hauenstein das I Love Me Prinzip. Es ist eine einzigartige Form der Arbeit mit dem inneren Kind.

Das I Love Me Prinzip ist die Hilfe zur Selbsthilfe, um aus ‚alten Mustern' auszusteigen. Mit alltagstauglichen Methoden und Tipps ermöglicht es jedem, unabhängig der individuellen Vorgeschichte, seine Verstrickungen der Vergangenheit, Probleme, Verletzungen und Opfergefühle, sowie Ängste, Zwänge und Blockaden hinter sich zu lassen, und wieder zum bewussten, liebenden Schöpfer und Gestalter seiner eigenen Lebenswirklichkeit zu werden. Kurzum, sein eigenes ganzheitliches Lebensglück zu erschaffen.

In zahlreichen Vorträgen, Seminaren und Einzeltherapiesitzungen hat Daniel Hauenstein mit diesem Prinzip tausende Menschen in ihrer positiven Lebenstransformation unterstützt.

Der Autor befasst sich als Therapeut und Seminarleiter bereits seit über 25 Jahren mit den Spielregeln des Lebens. Er sieht seine zentrale Arbeit darin, den positiven Wandel in Menschen zu fördern und die Menschen an ihr Mensch-Sein zu erinnern:

„Wir alle sind von Natur aus Wesen voller Liebe. Nur haben viele von uns die Liebe zu sich selbst und zum eigenen inneren Kind verloren."

Der Autor beantwortet persönlich deine Fragen

Hast du Fragen, wie du das I Love Me Prinzip in deiner persönlichen, aktuellen Lebenssituation am erfolgreichsten anwenden kannst? Dann schicke uns deine Fragen als Sprachnachricht. Daniel Hauenstein wird sie in einer seiner nächsten Online Videosendungen beantworten. Auf unserer Webseite findest du einen Bereich, in dem du uns deine persönlichen Fragen als Sprachnachricht senden kannst. www.iloveme.one

Inhalt dieses Buches:
Dies ist das kleine Buch zum I Love Me Prinzip. Es ist eine Zusammenfassung des Hauptbuches über das I Love Me Prinzip. (Veröffentlicht Herbst 2020) Im vorliegenden Buch werden die 23 wichtigsten Gesetze des I Love Me Prinzips auf den Punkt gebracht. Es ist für jeden geeignet, der sich eine Übersicht über dieses lebensverändernde Prinzip verschaffen will. Es eignet sich als Einstieg oder als Ergänzung zum **Großen Buch über das I Love Me Prinzip** oder **I Love Me Seminar**.

Neueinsteigern gibt es einen ersten zusammenfassenden Einblick in die Grundlagen dieses Prinzips und für Menschen, die das I Love Me Prinzip schon praktizieren, ist dieses Buch ein unterstützendes, begleitendes

Nachschlagewerk zum Repetieren, Nachlesen oder einfach um sich an die verschiedenen Punkte zu erinnern.

Inklusive kostenloser Online Workshop mit Hypnoseübungen (MP3)

Wer das I Love Me Prinzip ausprobieren möchte, kann über den QR Code in diesem Buch kostenlos an dem „Video Online Workshop zu diesem Buch" auf unserer Webseite teilnehmen. Der Autor persönlich erklärt und beschreibt in einfachen, verständlichen Videolektionen und diversen Übungen die verschiedenen Schritte des I Love Me Prinzips. Zudem kann man kostenlos die 5 wichtigsten Hypnoseübungen zu diesem Buch als MP3 downloaden.

Deinen persönlichen Gutschein-Code findest du am Ende dieses Buches.

www.iloveme.one/meineDownloads

Der Mensch im Spiegel ist für dein Glück verantwortlich

Der durchschnittliche Mensch lebt 650`000 Stunden. Jede Stunde, die vorbei ist, kommt nie wieder. Leben ist eine begrenzte Ressource. Was ist, wenn wir gestorben sind, weiß ich nicht. Das ist eine Glaubenssache, die jeder Mensch für sich selber entscheiden darf. Was ich aber weiß, ist, dass du jetzt lebst. Irgendwann aber ist es vorbei. Wenn du in deinem letzten Lebensmoment sagen musst: „Scheiße, ich habe es verpasst!", dann ist das ziemlich blöd. Wenn du aber in deinem letzten Lebensmoment sagen kannst: „Schade, dass ich jetzt sterbe, aber geil war es!", dann hast du etwas richtig gemacht. Das I Love Me Prinzip will dir helfen dein Leben so zu verändern, dass du genau letzteres einmal sagen kannst.

Dazu musst du dir aber bewusst werden, dass du der Schöpfer deiner Lebenswirklichkeit bist. Durch deine Gedanken, Gefühle, Entscheidungen erschaffst du laufend deine erlebte Lebenswirklichkeit.

Durch festbeißen an Glaubenssätzen, immer rechthaben wollen und durch den Gedanken „Das kenne ich schon" blockierst du deine Entwicklung und deine Schöpferkraft.

Das I Love Me Prinzip tut nichts, absolut nichts für dich, es öffnet dir lediglich Wege und Möglichkeiten. Diese Wege gehen und etwas TUN musst aber DU.

Du bist nicht einer guten oder schlechten Welt ausgesetzt. Das sind lediglich die Rahmenbedingungen.

Was du damit machst, ist immer deine Entscheidung.

Stell dich vor einen Spiegel und schau hinein. Was siehst du? Der Mensch im Spiegel ist verantwortlich für dein Glück.

Die 3 Säulen des I Love Me Prinzips

1. Bringe deine Vergangenheit in Ordnung
2. Bekomme das universelle Urvertrauen zurück
3. Folge deinem Herzen

1. *Bringe deine Vergangenheit in Ordnung*

Alles was wir heute sind, wie und wofür wir uns heute entscheiden, was wir als Lebenswirklichkeit erleben, unsere Süchte und Zwänge, also alles, was wir machen müssen, aber eigentlich gar nicht wollen, alle unsere Blockaden wie Ängste, Scham, Minderwertigkeitsgefühle, sind das Resultat unseres früheren Erlebens und unserer Erfahrungen. Sie haben unser Unterbewusstsein programmiert.

Die Basisprogramme wurden in unseren ersten fünf Lebensjahren angelegt und durch das, was wir danach erlebt haben, gefestigt. Die Programme unseres Unterbewusstseins bestimmen zu 99% unser heutiges Leben.

Mit dem I Love Me Prinzip sollst du herausfinden, „nach welchen Programmen funktioniere ich eigentlich", und du sollst die Möglichkeit haben, deine „Problemprogramme" neu zu programmieren. Das nennt man „Persönlichkeitsentwicklung". Dich aus den „Verwicklungen", die deine Schöpferkraft blockieren (Zwänge, Süchte und Blockaden), heraus „ent-wickeln" und dich davon befreien. Bringe deine Vergangenheit in Ordnung heißt,

werde dir deinen Programmen bewusst und verän-
dere sie so, dass du ein glückliches Leben leben
kannst.

2. Bekomme dein universelles Urvertrauen zurück

Dieses Universum ist perfekt organisiert. Seit 13,84
Milliarden Jahren funktioniert dieses Universum.
Die Natur ist so etwas von perfekt! Ein winzig kleiner Plasmatropfen, eine befruchtete Eizelle, die
sich teilt und teilt und teilt…. Und neun Monate später machtest du als perfektes Menschlein den Kopf-
sprung ins Leben.

Ein lebendes Menschlein mit Herz, Lunge, Nieren,
Augen zum Sehen, Ohren zum Hören, Nase zum Riechen, Hände und Finger zum Begreifen, Füße zum
Laufen und ein Gehirn, das alles koordiniert. In jeder deiner Zellen geschehen jede Sekunde 30 Milli-
onen chemische Prozesse - und du hast 30 Billionen
Zellen! Dein Herz schlägt 100 Mal pro Minute ein
Leben lang, deine Lunge atmet 20 Mal pro Minute
ein Leben lang.

Ein Sauerstoffatom, das deine Lunge gerade verat-
met, und ein Sauerstoffatom am anderen Ende des

Universums sind absolut dasselbe. Die Naturgesetze sind so genau, dass wir eine Sonde zum Mars senden können und auf die Sekunde genau berechnen, wann diese auf dem Mars landet. Jeder Baum, der wächst, jeder Grashalm, jeder Käfer, jedes Tier - die Natur ist einfach perfekt. Nur unsere künstlich erschaffene Welt, die funktioniert nicht.

Vielleicht ist es genau das, was mit Gott gemeint ist. Wenn wir das Wort Gott oder göttlich gegen das Wort Natur austauschen, heißt es: „Gott (Natur) ist überall, Du sollst keine anderen Götter (Natur /Lebensräume) neben mir haben, Du bist Gott (Natur)."

Warum gibt uns die Natur so viel? Wir entspannen, wenn wir in der Natur sind. Vielleicht, weil wir instinktiv wissen: dieser Natur, diesem Universum kannst du vertrauen. Die Idee vom Leben ist leben, das Leben will, dass es dir gut geht. Das ist die Idee der Evolution. Wir müssen nur die Spielregeln des Lebens wieder verstehen und uns daran halten, dann ist alles gut. Das I Love Me Prinzip will dir die Spielregeln zeigen. Du darfst deinem Leben vertrauen. Lass dich von deinem Leben leben.

3. Folge deinem Herzen

Keine Eltern, kein Partner, kein Therapeut, kein Guru weiß, was für dich das Richtige ist. Das weißt nur du. Um herauszufinden, was für dich das Richtige ist, hast du ein wunderbares Instrument in dir drin, dein Bauchgefühl, deine Intuition. Leider haben viele den Zugang zu ihrem Bauchgefühl verloren. Wir verwechseln Ratio oder erlernte Schutzprogramme wie Süchte oder Vermeidungsverhalten mit dem Bauchgefühl. Das I Love Me Prinzip soll dir helfen, wieder den Zugang zu deinem Bauchgefühl zu finden und dich von ihm führen zu lassen. Wie ein Kompass zeigt es dir, was das Richtige für dich ist. Alles was sich gut anfühlt, ist richtig, und was sich schlecht anfühlt, ist der falsche Weg. Lerne wieder dein Bauchgefühl zu erkennen und folge deinem Herzen, dann bist du auf dem richtigen Weg, ganz egal was andere sagen.

Die Zeitmaschine: Welche Ziele hast du?

Was willst du mit deinem Leben? Was tut dir gut, wie soll dein Lebensweg sein? Wenn ich diese Frage in meinen Seminaren an die Teilnehmer stelle, sind die meisten überfordert, weil sie gar nicht wissen, was sie eigentlich wollen.

Um herauszufinden, was man im Leben eigentlich will, gibt es eine gute Technik: die Zeitmaschine.

Stell dir vor, du hättest eine Zeitmaschine, mit der du 20 Jahre in die Zukunft reisen könntest. Drücke jetzt den Knopf und SCHWUUUUUUPS bist du in der Zukunft und neben dir sitzt eine 20 Jahre ältere Dame oder Herr. Das bist du in 20 Jahren.

Frage dein älteres Du jetzt, was du in den letzten 20 Jahren alles erlebt hast. Nimm ein Blatt und schreibe alles auf, was dir in den Sinn kommt. Am besten mit allen Details, die dir einfallen. Mache dir dabei keine Gedanken, wie das möglich sein soll, sondern schreibe alles auf, ganz egal wie verrückt es scheint. Sei kreativ und schreibe wie ein Buchautor deine Lebensgeschichte der letzten 20 Jahre. Mache daraus eine richtig spannende, gute, abenteuerliche Geschichte. Das, was du da aufschreibst, wird dann zu deiner „To-Do-Liste", die du Schritt für Schritt abarbeiten kannst.

Psychohygiene: Was machst du für deine Seele?

Für unser Außen, unseren Körper tun wir viel. Täglich duschen wir uns, putzen die Zähne, kaufen teure Pflegeprodukte, Cremes, Schminkartikel, gehen zum Frisör, tragen hübsche Kleider usw. Für unser Äußeres, also unsere „Verpackung", investieren wir Zeit und Geld. Aber was ist mit „Psychohygiene"? Dafür haben wir keine Zeit. Es ist uns wichtiger, wie wir auf andere wirken, als wie es uns wirklich geht. Uns einfach einmal hin zu setzen und uns ein bisschen um unsere Seele zu kümmern, dafür fehlt offenbar den meisten Menschen die Zeit. „Ich habe keine Zeit, ich habe keine Zeit…" ist wohl eines der meist gesprochenen Mantras in unserer Gesellschaft, und es ist eine Lüge. Jeder von uns hat 24 Stunden pro Tag, und es ist deine Entscheidung, wofür du diese Zeit nutzt.

Wenn dir Facebook, TV oder sonstige Arten dich abzulenken wichtiger sind, als dich ganz bewusst um deine Seele zu kümmern, so ist das eine klare Entscheidung, die du triffst. Es ist mir schon klar, dass es nicht immer einfach ist, sich im Alltag auch noch Zeit für eine Meditation zu nehmen. Wenn wir uns aber nicht um unsere Psychohygiene bemühen, wird unsere Seele langsam vergammeln und zu Grunde gehen. Wenn wir uns nicht mehr duschen würden und nie wieder die Zähne putzen, würden wir anfangen zu stinken und die Zähne würden uns ausfallen. Dasselbe gilt für unsere Psyche, wir müssen uns darum kümmern.

Das I Love Me Prinzip lädt dich ein, mit ein paar wenigen Tricks „Psychohygiene" in deinen Alltag einzubauen, ohne dass du dir dazu viel zusätzliche Zeit nehmen musst.

A) Morgenmeditation

Starte bewusst in den Tag. Stelle deinen Wecker 15 Minuten früher und dann starte mit einer Morgenmeditation. Auf der I Love Me Webseite kannst du ein Beispiel einer solchen Morgenmeditation als MP3 kostenlos downloaden.

(www.iloveme.one/meineDownloads)

B) Mache mindestens zwei Mikromeditationen

Zum Beispiel einmal um 09:00 Uhr und einmal um 15:00 Uhr. Stelle dir dafür an deinem Handy eine tägliche Erinnerung oder einen Wecker. Wenn du um diese Zeit bei der Arbeit bist, setze dich einfach kurz auf das Klo. Das Ganze geht nur 2 bis 3 Minuten:

Schließe deine Augen. Atme 3- bis 4-mal tief ein und wieder aus. Das bringt deinen Fokus nach innen. Durch den Kreislauf des Ein- und Ausatmens kommst du ins „Hier und Jetzt". Dann sage dir

innerlich den Satz: „Alles was jetzt ist, darf sein."
Nimm jetzt einmal bewusst wahr, was denn jetzt ge-
rade ist.

- **Was für ein Körperempfinden hast du?** Ruhe oder Unruhe, einen Druck auf der Brust, im Bauch, im Kopf oder woanders? Ist da ein Gefühl der Enge?

- **Dann nimm einmal ganz bewusst deine Gefühle war**. Welche Gefühle sind jetzt gerade in dir? (Wut, Angst, Scham, Trauer, Kleinheit, Minderwertigkeit, usw.)

Es können auch verschiedene Gefühle gleichzeitig da sein. Nimm einfach wahr, was gerade jetzt in dir drinnen passiert.

Nimm dich ganz bewusst wahr, ohne zu bewerten, ohne etwas verändern zu müssen oder verändern zu wollen.

Bei dieser Übung geht es nur darum, dich und deine Gefühle bewusst wahrzunehmen. Dies ist eine sehr zentrale und wichtige Übung im I Love Me Prinzip. Warum diese Übung so wichtig ist, erkläre ich dir später, wenn wir uns über die Gefühle unterhalten.

C) Einschlafmeditation

Auch für diese Meditation kannst du dir wieder kostenlos ein Beispiel auf MP3 von der Webseite herunterladen.

Wenn du im Bett liegst, das Licht gelöscht hast und jetzt einschlafen willst, dann tue das mit einer Einschlafmeditation. Schließe deinen Tag ganz bewusst ab. Durch diese Meditation kannst du in deinem Unterbewusstsein zum Beispiel mit belastenden Dingen, Ereignissen oder Menschen des Tages abschließen und so ohne Belastung einschlafen. Du wirst viel besser und ruhiger schlafen.

In dieser Meditation kannst du auch nochmals rückblickend ein „Resümee" über den Tag machen und so mit „aufgeräumter Seele" in die erholsame Nacht gehen, um am nächsten Morgen erholt in einen neuen Tag zu starten.

Psychohygiene ohne Zeitaufwand

Mit diesen drei Übungen hast du über den Tag viermal Psychohygiene betrieben, ohne zusätzlich Zeit dafür zu brauchen. Du hast es ganz einfach in deinen Tag eingebaut. Wenn du das regelmäßig machst, wirst du sehr schnell bemerken, dass sich ganz viel in deinem Leben ändern wird.

Ob du anfängst, etwas für dich zu tun und Psychohygiene zu betreiben, ist keine Frage des „Zeit Habens", sondern ganz einfach eine klare Entscheidung von DIR!

Jeden Tag ein kleiner Schritt

Der größte Fehler, den die meisten Menschen machen, wenn sie ihr Leben verändern wollen, ist, dass sie zu schnell zu viel machen wollen.

Da hat man einen guten Vorsatz, zum Beispiel jeden Tag zu meditieren. Die erste Woche macht man das auch wirklich jeden Morgen vor dem Frühstück und setzt sich eine Stunde hin, aber schon in der zweiten Woche wird man nachlässiger, und in der dritten

Woche ist es dann vorbei und man lässt es ganz, weil es doch zu anstrengend ist und keinen Spaß macht.

Es ist besser, wenn man jeden Tag nur einen kleinen Schritt macht, aber dafür jeden Tag.

Stell dir einmal vor, wir wollen innerhalb einer Stunde auf einen 3000 Meter hohen Berg hinaufrennen. Die meisten von uns werden schon nach kurzer Zeit erschöpft aufgeben und sagen, ich lass das mal, denn das macht keinen Spaß.

Wenn ich dir aber sage: „Steh auf und mach einen Schritt", und dich dann frage: „War das anstrengend? War es eine große Herausforderung? Brauchte das viel Überwindung?", wirst du mir all diese Fragen mit „Nein" beantworten.

Wenn ich dich dann frage, ob du noch so einen Schritt machen kannst, wirst du mir dies sicher mit „Ja" beantworten.

Genau das ist der Trick!

Wenn du nämlich jeden Tag einen kleinen Schritt machst, und noch einen und noch einen, dann wirst du irgendwann auf dem Gipfel angekommen sein, ganz ohne Anstrengung und ohne großen Aufwand.

Ja, du sollst große Lebensziele haben und in deinem Leben hohe Gipfel erklimmen wollen, aber mach Schritt für Schritt, so dass es Spaß macht. Und genauso sollst du auch deine Lebensveränderung angehen. Mach jeden Tag einen kleinen Schritt, zum Beispiel mit Psychohygiene.

Was habe ich heute für meine Ziele getan?

Es darf kein Tag vergehen, an dem du nicht irgendetwas für dich, deine Wünsche und deine Ziele machst.

Jeden Tag einen kleinen Schritt

Das Problem ist, dass wir in der Alltags-Hektik oft nicht daran denken, weil unser Kopf voll mit anderen Dingen ist, die wir zu erledigen haben, und so uns selbst vergessen. Daher brauchen wir auch hier etwas, das uns jeden Tag daran erinnert.

Die Frage: „Was tue ich heute, um meinen Träumen und Zielen näher zu kommen?" sollte deshalb in der Morgenmeditation täglich eingebunden sein. Aber ich empfehle dir, noch einen weiteren Trick anzuwenden.

Kaufe dir ein Schulheft. Gib ihm den Titel: „Mein Traumziel-Buch". Schreibe auf die ersten Seiten Punkt für Punkt deine Ziele und Träume auf. Wenn neue Ideen und Träume dazukommen, dann schreibe sie da hinein. Jetzt drehe das Heft so um, dass die Hinterseite zur Vorderseite wird. Dort beschriftest du es mit: „Das habe ich heute getan". Jetzt kannst du das Heft von zwei Seiten nutzen. Lege nun dieses Heft auf dein Kopfkissen, so dass du es jeden Abend, wenn du schlafen gehst, zuerst beiseitelegen musst.

Bevor du es aber beiseitelegst, schreibst du jeden Tag ein oder zwei Sätze hinein, was du heute getan hast, um deinen Zielen näher zu kommen. So musst du dich jeden Tag damit beschäftigen. Wenn du dann wieder einmal vergessen hast, etwas für deine Ziele zu tun, so wirst du durch diese Übung am Abend daran erinnert und weißt, morgen musst du zweimal so viel für dich tun. Am Morgen legst du dir das Heft dann wieder auf das Kopfkissen.

So wird dein Unterbewusstsein programmiert

Ganz am Anfang ist da eine befruchtete Eizelle. Die teilt sich immer und immer wieder, bis neun Monate später ein fixfertiges Menschlein entstanden ist. Durch dieses Wunder bist du entstanden. In diesen neun Monaten im Mutterleib passiert viel.

Irgendwann in diesem Prozess entwickeln sich die Sinne, und das Menschlein beginnt, erste Dinge wahrzunehmen.

Aus Sicht des Menschleins ist der Bauch der Mutter das ganze Universum. Es kann sich nicht vorstellen, dass es da ein Draußen gibt, es weiß noch gar nichts davon, was es auf dieser Welt gibt. Denn alles, was es für dieses Menschlein gibt, ist das Universum „Mutterleib" und es fühlt sich eins mit diesem Universum. In diesem Zustand ist das Unterbewusstsein im Gehirn noch fast leer. Nur ein paar wenige „Programme" sind da schon vorhanden.

Zum Beispiel ein Programm Herzschlag, oder Programme der Verdauung, des Immunsystems usw. Ein Programm, das jeder Mensch von Anfang an hat, ist unser Überlebenstrieb. Jedes Menschlein macht durch die Geburt eine traumatische Erfahrung. Wir quetschen uns durch den Geburtskanal und plötzlich ist auf einen Schlag alles anders.

Das, was für uns die letzten neun Monate „normal" war, ist plötzlich nicht mehr so. Wir wissen nicht, was jetzt passiert. Stell dir einmal vor, du erwachst am Morgen und alles ist anders als gestern, du hast keine Orientierung mehr. Das gesamte Universum hat sich total verändert. Das macht Angst.

Aber du hast den Überlebenstrieb. Für das Neugeborene ist alles lebensbedrohlich. Wenn du heute als Erwachsener ein Hungergefühl hast, erlebst du das nicht als lebensbedrohlich, weil du immer und immer wieder erlebt hast, dass du etwas zu essen bekommst, wenn du Hunger hast. Du hast durch Erfahrungen gelernt, dass das Gefühl „Hunger" nicht lebensbedrohlich ist. Das Neugeborene hat aber diese Erfahrung noch nicht. Für es ist Hunger ein lebensbedrohliches Gefühl, denn nichts zu essen zu bekommen, bedeutet sterben. Aus diesem Grund hat uns die Natur dieses Gefühl „Hunger" gegeben.

So ist es mit allen unangenehmen Körperempfindungen. Das Kind ist in einer absoluten Abhängigkeit. Es geht dabei um Leben oder Sterben.

Aus dieser Situation entstehen Grundbedürfnisse wie: „Ich muss gesehen werden, geliebt werden, ich brauche Sicherheit, Geborgenheit, später auch Abenteuer und Lustbefriedigung." Ich brauche das, um zu überleben!!! Sieht mich meine Mutter nicht, werde ich sterben. Das ist die erlebte Wirklichkeit eines Neugeborenen. Diesen Grundbedürfnissen rennen wir noch unser Leben lang nach. Jeder Mensch will gesehen und geliebt werden, braucht Sicherheit und Geborgenheit, und jeder will Abenteuer und Lustbefriedigung. Um das zu bekommen, tun wir alles.

Diese Bedürfnisse bekommen wir aber nicht einfach so befriedigt. Keiner bekommt von seinen Eltern die bedingungslose Liebe. Wir müssen für Liebe bezahlen! Wie bezahlen wir? Durch Anpassung. Unsere Eltern knüpfen ihre Liebe und Beachtung an Bedingungen.

Wir werden nur geliebt, wenn wir uns anpassen und tun, was von uns verlangt wird. Sei still, sitz gerade, komm her, reiß dich zusammen, sei ordentlich, sei brav, räume dein Zimmer auf, mache deine Hausaufgaben, ..., dann hat Mami dich lieb (= ich werde gesehen und kann überleben). Tun wir es nicht, erleben wir Ablehnung, was für das Kind „Ich werde nicht gesehen und muss sterben" bedeutet. Das alles klingt dramatisch und das ist es auch. Egal wie liebenswerte Eltern wir haben, durch dieses Trauma müssen wir alle durch.

Wie schon gesagt, ist unser Unterbewusstsein, wenn wir auf die Welt kommen, fast leer und wird dann durch das, was wir erleben „programmiert". Das nennen wir Lernen durch Konditionierung. Du musst wissen, dass wir nie wieder so viel lernen wie die ersten fünf Jahre unseres Lebens. Da entsteht das Fundament, auf dem unsere Persönlichkeit, unsere Intelligenz, unser Verhalten, unsere Eigenschaften, unsere Interessen usw. aufgebaut sind.

Auf den erlernten Programmen in unserem Unterbewusstsein, basieren unser heutiges Verhalten, unsere Entscheidungen und unsere erlebte Lebenswirklichkeit. Du hast keinen freien Willen, wenn du heute eine Entscheidung fällst, sondern du entscheidest dich anhand von früheren Erfahrungen. Ist etwas in deinem Unterbewusstsein mit positiven Emotionen gespeichert, findest du es gut, ist etwas mit negativen Emotionen gespeichert, gefällt es dir nicht.

Zudem lernst du von deinen Eltern durch nachahmen, du übernimmst Verhalten, Glaubenssätze, Weltbilder usw. Entweder übernehmen wir das von unseren Eltern eins zu eins und verhalten uns genau gleich, oder wir gehen irgendwann in die Rebellion, sagen uns „so will ich nicht sein", und machen dann genau das Gegenteil. Aber unsere Eltern prägen uns so oder so. Erst wenn wir uns unserer Muster bewusst sind, können wir sie ändern.

In meinem großen I Love Me Prinzip Buch gehe ich noch genauer auf dieses Thema ein.

Wenn du herausfinden willst, wie deine Kindheit und Eltern dein heutiges Leben beeinflussen, beantworte dir die folgenden Fragen:

- Wofür wurde ich belohnt – was tue ich heute um belohnt zu werden?
- Wofür wurde ich bestraft – was vermeide ich heute, um nicht bestraft zu werden?
- Wie bekam ich Aufmerksamkeit - was tue ich heute, um Aufmerksamkeit zu bekommen?
- Wie ging meine Mutter / mein Vater mit Emotionen um – wie gehe ich mit Emotionen (Wut, Angst, Trauer, u.ä.) um?

Was ist Realität?

Ein Teil unseres Gehirns ist das Bewusstsein. In unserem Bewusstsein erleben wir unsere Lebenswirklichkeit, all das, was wir erleben, mit all unseren Sinnen.

Es ist unsere Wahrheit, alles was wir sehen, hören, schmecken, riechen, und über den Tastsinn spüren. Das Bewusstsein ist quasi unser Bildschirm, auf dem wir unser Leben erleben. Unsere Wirklichkeit.

Damit wir etwas als Wirklichkeit wahrnehmen können, muss es zuerst über unsere Sinne in das Gehirn hineinkommen. Wir müssen also etwas sehen, hören, riechen, schmecken oder tasten, damit wir es bewusst erleben können.

Unser Gehirn verarbeitet pro Sekunde 400 Milliarden Bits an Informationen. Das ist so viel, dass wenn das alles ungefiltert in unser Bewusstsein strömen würde, wir eine Reizüberflutung bekämen und durchdrehen würden. Daher haben wir in unserem Gehirn so etwas wie einen Türsteher, der jede Information, die über unsere Sinne ins Gehirn kommt, überprüft, ob diese wichtig oder unwichtig ist.

Nur das, was dieser Türsteher für wichtig erachtet, landet in unserem Bewusstsein. Das heißt, nur was dein Türsteher für wichtig erachtet, wird zu deiner erlebten Lebenswirklichkeit, also zu deiner Realität. Alles andere, was der Türsteher für unwichtig erachtet, wird von dir nicht erlebt. Wenn du jetzt zum Beispiel, auf einem Stuhl sitzt, spürst du erst jetzt, wo ich dir das sage, wieder den Stuhl an deinem Hintern, obwohl die ganze Zeit schon die Nerven in deinem Hintern Signale an dein Gehirn gesendet haben.

Es wurde einfach ausgeblendet. Hörst du jetzt auf einmal das Auto, das im Hintergrund vorbeifährt, oder den Hund, der bellt, usw.? Welche Haarfarbe hatte die Verkäuferin, als du das letzte Mal im Supermarkt etwas gekauft hast? Welche Farbe hatte das Auto, neben dem du heute Morgen dein Auto geparkt hast? Deine Augen haben die Haarfarbe der Verkäuferin und die Farbe des Autos gesehen, aber die Information war wahrscheinlich in diesem Moment nicht wichtig für dich und kam deshalb nie in deinem Bewusstsein an. Diese Informationen wurden nie zu deiner erlebten Lebenswirklichkeit.

Das erschreckende ist, dass es mit den meisten(!) Informationen, die über unsere Sinne ankommen, so läuft. Zur Erinnerung: unser Gehirn verarbeitet pro Sekunde 400 Milliarden Bits an Informationen, die von unseren Sinnen wahrgenommen werden. Unser Türsteher lässt aber davon nur 2000 Bits in unser Bewusstsein! Ja, du hast richtig gelesen. 400`000`000`000 zu 2000, also fast nichts! Das bedeutet, von 400 Milliarden Bits Wirklichkeit um uns herum erleben wir nur 2000 Bits als „Die Wirklichkeit" und glauben, das ist „Die gesamte Realität". Es ist aber immer nur „UNSERE gesamte erlebte Realität", unsere gesamte, bewusst erlebte,

Lebenswirklichkeit. Den Rest an Wirklichkeit blenden wir einfach aus, er existiert in unserem Leben nicht. Deine erlebte Wirklichkeit ist somit immer subjektiv. Alles was du erlebst, ist immer nur ein ganz kleiner Teil des Ganzen. Alle deine Probleme, deine Sorgen, deine Glaubenssätze, usw. Jetzt stellt sich die Frage, nach welchen Kriterien entscheidet dein Türsteher, was wichtig ist und was nicht, beziehungsweise was er in dein Bewusstsein lässt und was nicht? Ganz einfach, er entscheidet nach deinen erlernten Programmen in deinem Unterbewusstsein!

Machen wir einmal ein Beispiel: Es sitzen drei Freunde zusammen. Max, Hans und Frank. Max ist als Kind mit Hunden aufgewachsen und hat gute Erfahrung mit Hunden gemacht. Er liebt Hunde. Hans wurde als Kind von einem Hund gebissen und hat somit schlechte Erfahrungen mit Hunden gemacht. Er hat Angst vor Hunden. Frank hat keine speziellen Erfahrungen mit Hunden, ihm sind Hunde egal.

Die drei sitzen also zusammen und plötzlich schaut ein Hund durch die Türe ins Zimmer und macht „WuWu". Dieses „WuWu" ist nichts anderes als eine Schallwelle, die durch das Ohr (Sinne) unserer drei Freunde aufgenommen wird, im Gehirn verarbeitet wird und schlussendlich beim Türsteher landet. Der schaut jetzt jeweils im Unterbewusstsein der drei nach, ob es da ein Programm gibt, das zu diesem „WuWu" passt.

Bei Max findet der Türsteher das positive Programm aus der Kindheit, drückt auf den Knopf und ganz automatisch, ohne dass Max etwas dafürkann, freut er sich riesig.

Ganz anders bei Hans. Bei ihm findet der Türsteher das negative Programm aus der Kindheit, drückt ebenfalls auf den Knopf, und Hans fällt sofort in eine kleine Panikattacke und zittert am ganzen Körper.

Bei Frank findet der Türsteher erst einmal kein Programm, daher nimmt Frank den Hund zuerst gar nicht wahr. Erst nachdem er sieht, dass Max sich freut und Hans vor Angst zittert, realisiert er, dass ja ein Hund in der Türe steht.

Die absolut gleiche Realität, das „WuWu", aber drei ganz unterschiedliche erlebte Wirklichkeiten. Dieses Prinzip gilt für alles, was wir wahrnehmen. Es ist ganz egal, was da draußen in der Welt passiert, entscheidend für unsere erlebte Realität ist, was für ein Programm wir dazu haben. Es ist nie entscheidend, was irgendwo passiert, irgendjemand tut, oder jemand sagt. Entscheidend ist, was für ein Programm ich dazu habe. Das lässt mich meine Realität erleben.

Gefühle müssen gefühlt werden

Gefühle sind in unserer Gesellschaft ein Tabu, es gehört sich nicht, Gefühle öffentlich zu zeigen. Wir lernen auch nie wirklich, wie wir mit Gefühlen umgehen müssen. Wenn ein Kind ein Gefühl wie Angst, Wut, Trauer erlebt, zu seiner Mami geht und sagt: „Mami, ich habe da ein Gefühl, was soll ich jetzt damit machen?", dann sagt die Mutter: „Mach es weg." Das passiert natürlich nicht mit diesen Worten, sondern es kommt beispielsweise ein Kind und sagt: „Ich habe Angst." Die Mutter sagt dann: „Du musst doch keine Angst haben, es ist doch alles gut." Nein, es ist nicht gut, denn das Kind erlebt die Angst, aber die Mutter sagt, das musst du nicht haben, mach es weg. So werden wir dazu programmiert, Gefühle zu verdrängen und weg zu machen, mit gravierenden Folgen.

Einerseits sind Gefühle das „Salz und Pfeffer" des Lebens. Gefühle machen das Leben erst lebenswert - ohne Gefühle wird unser Leben fad und langweilig. Andererseits sind Gefühle Energien. Wie alle Energien müssen Gefühle fließen. Energien beziehungsweise Gefühle verschwinden nicht einfach, wenn wir sie unterdrücken. Sie verwandeln sich nur und zeigen sich auf einer anderen Ebene.

Wenn wir zum Beispiel unsere Wut auf unseren Chef unterdrücken müssen, weil wir unseren Job nicht riskieren wollen, so ist diese Wut nicht einfach weg, sondern wir nehmen sie mit nach Hause und streiten mit unserem Partner oder den Kindern usw. So wird das Gefühl, die Wut, falsch adressiert und die Wut auf den Chef bekommt jemand ab, der gar nichts dafür kann, aber immerhin sind wir sie dann los.

Viel besser wäre es, wenn wir mit dem Chef reden würden, oder im schlimmsten Fall einfach bei der Arbeit in das 3. UG der Tiefgarage fahren und da laut „DU ARSCHLOCH" schreien, oder zuhause einfach einmal das Kopfkissen verprügeln und sich dabei vorstellen, es sei der Chef. Das klingt vielleicht seltsam, aber es hilft, weil so die Energie (Wut) fließen kann, niemandem Schaden zufügt und uns nicht mehr belastet.

Es gibt noch eine andere Ebene, auf die unterdrückte Emotionen fließen können - gegen uns selbst. So kann die Wut auf deinen Chef eine Auto-Aggression bei dir auslösen, mit der Konsequenz von lieblosen inneren Dialogen wie „Ich bin nicht gut genug, ich schaffe das nicht," bis hin zu Krankheiten. So weiß man heute, dass aus psychosomatischer Sicht alle Allergien oder auch alle Drucksymptome wie Bluthochdruck, Kopfschmerzen und Migräne, Krampfadern, usw. den seelischen Hintergrund unterdrückter Emotionen hat.

Die dritte und schlimmste Folge dessen, dass wir unsere Gefühle unterdrücken ist, dass wir den

Bezug zu unserer Intuition, dem Bauchgefühl verlieren. Wie du weißt, ist deine Intuition dein Kompass, der dir zeigt, was für dich im Leben wichtig und richtig ist. Verlieren wir den Bezug zu unserem Bauchgefühl (Kompass), sind wir orientierungslos und können gar nicht mehr fühlen, was uns wirklich guttut und was wir eigentlich mit unseren Leben wollen. Wir machen die Gefühle weg und versuchen über den Kopf, also die Ratio, unser Glück zu finden. Glück ist aber ein Gefühl und kann deshalb nicht über den Verstand gefunden werden, sondern nur über das Fühlen.

Daher ist ein wichtiges Element im I Love Me Prinzip, deine Gefühle wieder bewusst zu fühlen, denn zum Fühlen sind sie da.

Erkenne durch deine Süchte deine verdrängten Gefühle

Jede Sucht ist eine Strategie unseres Unterbewusstseins, ein Gefühl nicht fühlen zu müssen.

Dabei kann fast alles zu einer Sucht werden. Nicht nur die „bösen" Süchte wie Alkohol, Rauchen und Drogen, sondern auch ganz viele alltägliche Sachen wie Süßigkeiten naschen, Kaffee trinken, Sport, Fernsehen, Internet, Shoppen, Arbeiten, und vieles mehr. Sobald wir etwas machen müssen, um uns abzulenken, tun wir das, um ein Gefühl nicht fühlen zu müssen. Mit dem Feierabendbierchen oder dem „Jointchen" werden die harten Kanten des Alltags etwas weicher und erträglicher, mit dem Film im Fernsehen erlebe ich eine spannende Geschichte, werde zum Aktion-Held, tauche in eine romantische Liebesgeschichte ein, und muss nicht über mein trostloses eigenes Leben nachdenken.

Beim Shoppen gehen tue ich mir etwas Gutes und verdränge damit Angst, Wut, Traurigkeit oder Minderwertigkeit. Durch viel Sport werde ich attraktiver, also scheinbar auch liebenswerter, und werde so meine Kleinheit und Minderwertigkeit los.

Wir alle haben Süchte, und das ist auch nicht schlimm. Nutze deine Sucht, um verdrängte Gefühle zu erkennen.

1. Sei ehrlich zu dir und beginne deine Süchte zu erkennen. Achte darauf, was du regelmäßig tun musst, um dich besser zu fühlen, um etwas Negatives nicht zu fühlen.

2. Wann immer du dann diesen Suchtimpuls erlebst, gehe in dich und überprüfe, welches

Gefühl du gerade wegmachen willst. Wut, Scham, Einsamkeit, Angst, Kleinheit, usw.

Lerne deine Gefühle kennen

Es ist ganz wichtig, dass wir unsere Gefühle wieder bewusst fühlen können. Wir müssen wieder eine Beziehung zu unseren Gefühlen aufbauen. Das geht nur dann, wenn wir bereit sind, uns um unsere Gefühle zu kümmern, wenn wir unseren Gefühlen wieder einen Platz in unserem Leben geben.

In den vorherigen Seiten habe ich dir gezeigt, wie du deine Gefühle wiederentdecken kannst.

Entweder dadurch, dass du täglich mindestens zweimal in einer Mikromeditation in dich hineinhorchst und bewusst wahrnimmst, was du gerade fühlst und welches Körperempfinden du hast, oder dadurch, dass du dir deiner Süchte bewusst wirst und dich bei jedem Suchtimpuls fragst, welches Gefühl du gerade wegmachen willst.

Durch diese zwei Techniken wirst du dir deinen unbewussten Grundgefühlen bewusst. Schau einfach einmal, welches Gefühl oder welche Gefühle immer und immer wieder auftauchen. Sind es Angst, Scham, Wut, Trauer, Minderwertigkeit oder ähnliches?

Im nächsten Schritt geht es darum, diesem Gefühl, das du bis jetzt immer abgelehnt und verdrängt hast, einen Platz in deinem Leben zu geben, indem du dich ganz bewusst darum kümmerst. Aber wie kümmert man sich um ein Gefühl? Da gibt es verschiedene Möglichkeiten:

Gefühle beschreiben

Setze dich mit einem Heft und einem Stift hin und beschreibe dein Gefühl 15 Minuten lang, ohne den Stift abzusetzen. Schreibe alles auf, was dir zu diesem Gefühl einfällt. Dabei kannst du dich auch wiederholen, schreibe einfach einmal drauflos.

Gefühle malen

Nimm ein Blatt Papier, Buntstifte oder Wasserfarben und male dein Gefühl. Welche Formen und Farben hat dein Gefühl?

Gefühle tönen

Wie tönt dein Gefühl? Nimm dazu ein Instrument, Töpfe und Kochkellen, oder mach einfach Töne mit deinem Mund. Drücke dein Gefühl akustisch aus.

Gefühle mit dem Körper ausdrücken

Drücke dein Gefühl mit Tanzen oder Pantomimen aus. Spiele wie in einem Theater dein Gefühl.

Gefühle bewusst ausleben

Erlaube dir dein Gefühl zu haben, und lebe es bewusst und kontrolliert aus. Wenn du wütend bist, dann schreie oder schlage auf ein Kissen, wenn du traurig bist, weine, höre dir traurige Musik an, schau einen Film, der dir hilft dich richtig auszuweinen usw. Wenn du Angst hast, analysiere deine

Angst, schau hin, wovor genau du Angst hast, was das schlimmste ist, was passieren könnte usw.

Jeder Mensch ist unterschiedlich. Probiere aus, welche der Möglichkeiten dir am besten liegen und bringe dein Gefühl damit einmal zum Ausdruck.

Finde die Wurzeln deiner unangenehmen Gefühle und löse sie auf

In den vorherigen Abschnitten ging es darum, dass du dir deinen Gefühlen bewusst wirst und wieder eine annehmende Beziehung zu all deinen unangenehmen Gefühlen aufbaust. Im nächsten Schritt des

I Love Me Prinzips geht es darum, die Wurzeln dieser Gefühle zu finden und sie dort aufzulösen.

Dazu musst du dir etwas Wichtigem bewusst werden. All deine unangenehmen Gefühle, die du zu verdrängen versuchst, die aber immer wieder auftauchen, wenn irgendjemand etwas tut oder nicht tut, sagt, oder oft nur durch einen Gedanken, sind uralt. Wenn du dich klein, nicht gesehen, nicht wertgeschätzt oder minderwertig fühlst, weil dein Chef dich anschreit oder deine Leistungen nicht sieht, wenn du traurig bist, weil dich dein Partner verlässt, wenn du wütend wirst, weil die Kinder ihr Zimmer nicht aufräumen wollen, oder wenn du Angst hast, nicht zu genügen, abgelehnt zu werden oder etwas falsch zu machen. In solchen Situationen ist nie das, was da passiert oder was jemand tut oder nicht tut, die Ursache für deine Gefühle.

Das was da außen geschieht, ist nur ein „WuWu" und aktiviert bei dir im Inneren ein altes Programm. Das Gefühl, das du in solchen Momenten erlebst, stammt in der Regel aus der Kindheit. Wichtig ist zu verstehen, dass nicht der Chef, der Partner, die Kinder usw. für diese Gefühle verantwortlich sind. Sie machen dich nicht wütend, traurig, unsicher, sondern sie drücken durch ihr Verhalten bei dir quasi auf einen Knopf und aktivieren alte Gefühle aus deiner Kindheit, die schon in dir drin sind, die du aber ständig zu verdrängen versuchst. Durch das Verhalten der anderen erlebst du diese alten Gefühle erneut.

Menschen, die bei uns unangenehme Gefühle auslösen, nennt man auch Arschengel. Dieser Begriff wurde vom Psychologen Robert Betz geprägt. Arschengel bedeutet: sie sind Ärsche, weil es unangenehm ist, dass sie uns mit diesen Gefühlen konfrontieren, aber sie sind auch Engel, weil sie uns wie ein Spiegel zeigen: "Hey, du hast da ein Programm laufen, das du auflösen kannst". Genau diese Spiegelfunktion nutzen wir auch im I Love Me Prinzip.

Alle unangenehmen Gefühle, die dir immer wieder begegnen, ob durch Arschengel oder durch deine täglich zwei Mikromeditationen oder Beobachten deiner Suchtimpulse, sind alt. Sie stammen meistens aus der Kindheit und können genau da aufgelöst werden.

Wenn du dich wie beschrieben um diese Gefühle gekümmert hast, können wir jetzt durch eine Hypnosereise die Wurzeln dieser Gefühle auflösen. Diese Technik aus der klassischen Hypnotherapie

wird weltweit seit Jahren sehr erfolgreich ange-
wandt. Dazu findest du wieder auf der Webseite ein
kostenloses MP3 zum Herunterladen.

(www.iloveme.one/meineDownloads)

Probiere es einfach aus. Du wirst staunen, was sich
plötzlich in deinem Leben verändern wird.

Gedanken werden zu deiner erlebten Lebenswirklichkeit

In unserem Kopf denkt es ständig. Wir haben Gedanken über das Leben, über diese Welt, über andere Menschen und über uns selbst. Unser Denker denkt fortlaufend in unserem Kopf. Wir schaffen es kaum, einmal nicht zu denken. Pro Tag denken wir ca. 70`000 Gedanken und wir denken heute zu etwa 80% das Gleiche, was wir gestern schon gedacht haben.

Wir haben uns so an unsere Gedanken gewöhnt, dass wir angefangen haben, uns mit unserem Denker zu identifizieren. Wir glauben, wir sind unser Denker, aber das stimmt nicht.

Unser Denker ist ein Resultat unserer Programme in unserem Unterbewusstsein. Wir haben uns so an unseren Denker gewöhnt, dass wir auch gar nicht hinterfragen, was er so den ganzen Tag denkt. Wir glauben, was wir denken und erleben das, was wir glauben und denken, als die Realität. Die stärkste Waffe, die unser Denker hat, ist eine Fernbedienung zu unseren Gefühlen. So kann der Denker einen Gedanken denken und uns gleichzeitig das passende Gefühl dazu erleben lassen. Und Schwups wird der Gedanke zu unserer erlebten Lebenswirklichkeit.

Wenn unser Denker denkt, wir sind minderwertig, und uns gleichzeitig das Gefühl der Minderwertigkeit erleben lässt, so glauben wir, weil wir es ja auch gerade so erleben, dass wir minderwertig sind, und hinterfragen das nicht einmal. Es ist in diesem Moment unsere erlebte Lebenswirklichkeit.

Das Problem ist, dass unser Denker ein notorischer Lügner ist. Seine scheinbare Wahrheit bezieht er nicht aus Tatsachen, sondern aus alten Programmen der Vergangenheit, also aus subjektiv Erlebtem.

Wenn ich als Kind das Gefühl hatte, nicht gut genug zu sein, so entstand daraus ein Programm „Du bist nicht gut genug" und dieses Programm (Glaubenssatz) nimmt der Denker jetzt als Tatsache, dass wir nicht gut genug sind.

Es ist ein Glaubenssatz, der als Wahrheit angesehen wird und niemals wirklich hinterfragt worden ist. Unser gesamtes heutiges Weltbild und Selbstbild, also alles was du über diese Welt und dich als Wahrheit glaubst, basiert zu 100% auf Glaubenssätzen, die durch früheres Erleben entstanden sind.

Und jetzt kommt noch unser Verstand dazu. Unser Verstand ist wie eine Suchmaschine im Internet. Er nimmt jeden Gedanken (Glaubenssatz) als Auftrag wahr und beginnt, unser ganzes Umfeld, unser Leben abzuscannen und sucht nach Beweisen, die unseren Gedanken bestätigen. Glaube ich „Das Leben ist schwer", so sucht mein Verstand nach Beweisen dafür, dass mein Leben schwer ist. Er wird diese Beweise finden, sie dir bewusst machen und alles andere ausblenden. Erinnerst du dich an das Kapitel: Was ist Realität? 400 Milliarden Bits zu 2000 Bits? Wir sehen nur noch das, was unser Verstand als Beweis sehen will, alles andere wird ausgeblendet.

Also nochmals: Unser Verstand bekommt durch unsere Glaubenssätze einen Suchauftrag: „Bitte beweise mir, dass das, was ich glaube, stimmt."

Ändere (überprüfe) ich meine Gedanken, ändert sich mein Glaube (Glaubenssätze). Dadurch ändert sich der Suchauftrag an den Verstand, und daraus ändert sich meine erlebte Lebenswirklichkeit.

Ändere deine Gedanken und dein Leben wird sich ändern.

Erkenne deine belastenden Glaubenssätze

Unser gesamtes Weltbild und das, was wir als die Wahrheit glauben, ist also nichts anderes als Glaubenssätze. Sätze mit einem „sollte" oder „sollte nicht" sind immer Glaubenssätze. Es gibt Glaubenssätze, die sich gut anfühlen und solche, die sich nicht gut anfühlen. Wir haben über alles und jeden Glaubenssätze, wie du unten auf dieser Seite sehen kannst. Versuche einmal herauszufinden, welche Glaubenssätze, die sich nicht gut anfühlen, du hast und beantworte die Fragen auf dieser Seite.

Wir haben Glaubenssätze über:

- Uns selbst
- Unsere(n) Partner(in)
- Die Kinder
- Unsere Eltern
- Unsere(n) Chef(in)
- Arbeitskollegen
- Die Regierung
- Fußballvereine
- Das Leben
- Die Welt

Ergänze folgende Sätze:

- Als Frau/Mann sollte man:
- Das Leben ist… (schwer, ungerecht, hart, kurz…)
- Die Welt ist… (ungerecht, brutal, …)

- Meine Eltern sollten… (sich mehr kümmern, sich nicht einmischen, für mich da sein…)
- Mein Mann / meine Frau sollte… (sich um mich kümmern, mich nicht nerven, fleißiger sein, lieber sein, nicht fremd gehen…)
- Mein Chef sollte… (mich loben, mich mehr schätzen, mich verstehen …)
- Meine Kollegen sollten… (mich nicht mobben, mir helfen, gerechter sein…)
- Die Welt sollte… (friedlicher, gerechter sein…)
- Kinder sollten… (brav sein, fleißiger sein, nicht streiten, nicht lügen, zur Schule gehen…)
- Ich sollte… (fleißiger sein, mutiger sein, mehr Selbstvertrauen haben, nicht so viel rauchen, etwas abnehmen…)
- Ich bin… (nicht gut genug, nicht richtig, nicht liebeswert, dumm, hässlich, zu dick, zu dünn, nicht gewollt, unterlegen, nichts wert, …)

- Ich muss… (mich anpassen, lieber sein,
  mich aufopfern, mich um andere kümmern,
  für andere da sein, mich selbst aufgeben…)

Schreibe zu jedem Satz 5 Punkte, wie du glaubst, dass es sein sollte (benutze dazu ein separates Blatt).

Erkenne deine Schutzstrategien

Hast du Glaubenssätze aufgeschrieben? Okay, dann suche dir einen Glaubenssatz heraus wie zum Beispiel: ich bin nicht gut genug, nicht liebenswert, muss mich aufopfern usw.

Jetzt schließe deine Augen und sage dir 20 Mal diesen Satz. Nimm dabei wahr, wie sich das anfühlt. (Zum Beispiel: 20 Mal „Ich bin nicht gut genug") **Bitte mache das jetzt, bevor du weiterliest.**

Wie fühlst du dich? Schlecht? Das, was du da gerade gefühlt hast, ist dein verletztes inneres Kind. Und dieses innere Kind muss sich vor diesem Gefühl schützen. Um sich zu schützen hat das Kind im Verlauf der Jahre Strategien entwickelt, um dieses Gefühl nicht fühlen zu müssen. Das sind die sogenannten Schutzstrategien.

Im folgenden Teil erkläre ich dir einige Schutzstrategien und welche Glaubenssätze dazu gehören. Versuche einmal herauszufinden, welche Schutzstrategien du in deinem Leben verwendest, um dich vor dem schmerzhaften Gefühl des unwahren Glaubenssatzes zu schützen.

Schutzstrategien:

Überanpassung und Harmoniestreben

Bei dieser Strategie passt man sich „dem Frieden zuliebe" immer an. Man braucht Harmonie und tut alles, um einem Konflikt aus dem Wege zu gehen. Die negativen Glaubenssätze bei solchen Menschen sind: "Ich genüge nicht, ich muss lieb sein, ich muss mich anpassen."

Helfersyndrom

Hier bezieht man seinen Selbstwert oder sogar seinen Sinn im Leben daraus, sich für andere aufzuopfern. „Es gibt doch nichts Schöneres als anderen zu helfen!" Unter diesem Leitsatz ist man dann immer für alle da und gibt sich selber auf. Die große Lüge dahinter ist aber, dass diese Menschen nicht anderen helfen, um anderen etwas Gutes zu tun, sondern sie helfen, damit sie sich nicht schlecht fühlen, damit sie ihren Selbstwert aufbauen. Die Motivation dieser „Gutmenschen" ist nicht Nächstenliebe, sondern sie tun es für sich, um ihre eigenen Minderwertigkeitsgefühle nicht fühlen zu müssen.

Glaubenssätze, die sie zu diesem (Schutz-) Verhalten zwingen, sind: „Ich muss helfen um liebenswert zu sein, mein Wert liegt im Helfen, ich genüge nicht, ich bin wertlos."

Kindsein

Das „ewige Kindsein" oder wieder zum Kind mutieren. Sich an andere Menschen „anlehnen", um von diesen durchs Leben geführt und beschützt zu werden (Partner, Freunde, Organisationen). Den „Pausenclown spielen", aber auch „quängeln" und eingeschnappt sein oder andere anhimmeln, sich nicht trauen eigene Entscheidungen zu fällen, jemanden brauchen, der einen führt, Schwierigkeiten haben Verantwortung zu übernehmen, andere über sich bestimmen lassen und ähnliches, all diese kindlichen Verhaltensweisen gehören zu dieser Strategie. Die Glaubenssätze dahinter sind: „Ich schaffe es nicht alleine, ich bin klein und schwach, ich bin abhängig, ich genüge nicht."

Vermeidung, Flucht und Davonlaufen, Rückzug

Konfrontationen aus dem Weg gehen, Gesprächen, Kontakten, heißen Themen und Auseinandersetzungen ausweichen, deshalb gewisse Dinge lieber nicht tun, in Streitgesprächen oder harten Diskussionen davonlaufen, Dinge lieber alleine tun, sich Herausforderungen nicht stellen, ist alles Verhalten, das zu dieser Strategie gehört. Lieber alleine sein, in die Einsamkeit flüchten, in Aktivitäten, Arbeit, Sucht, Sport, Hobbys, Internet, Spiele usw. flüchten. Die Flucht in sich selbst und innerlich abstellen. Innerlich ausschalten, wenn man im Außen überfordert ist, um so nicht fühlen zu müssen. Die falschen Glaubenssätze dahinter sind: „Ich bin unterlegen, ich bin schwach, ich kann nicht vertrauen, ich schaffe es nicht, alleine sein ist sicherer."

Rollenspiele, Lügen, Tarnung

Leute, die zum Beispiel immer glücklich sind und nie Probleme haben und das auch ständig kundtun müssen, jemand sein wollen, der man nicht ist, Rollenspiele wie „Everybody´s Darling", der immer Glückliche, der immer Coole, der immer Starke usw., wozu dann auch oft Lügen oder

Halbwahrheiten gehören, Aufbau einer Scheinwelt, negative Tatsachen werden verdrängt oder schöngeredet.

Glaubenssätze dahinter sind: „Ich bin nicht liebenswert so wie ich bin, ich darf nicht ich sein, ich muss mich anpassen, ich bin wertlos so wie ich wirklich bin."

Kontroll- und Machtstreben

„Wenn ich kontrolliere und Macht habe, kann mir niemand weh tun". Dies ist die Motivation hinter dieser Strategie. Dominanz und Überlegenheit schaffen sind wichtige Merkmale. Andere klein-halten, kleinreden. Beharren auf sein Recht, dauernder aktiver oder passiver Widerstand und Aggressionen, um nicht die Kontrolle (Leading) zu verlieren, hart für seine Meinung kämpfen, Widerstand durch Aggression (Verhalten) leisten und mit narzisstischen Manipulationstechniken (siehe unten narzisstische Co-Abhängigkeit) seine Position durchzusetzen versuchen, mauern, Opfer spielen, Schuldzuweisen, verbale und nonverbale Beschämungen, drohen, Eifersucht, Kontrollfreak, Projektion usw. sind dafür gängige Verhaltensweisen. Die

Glaubenssätze dahinter sind: „Ich muss alles im Griff haben, ich bin ausgeliefert, ich kann mich nicht wehren, ich komme zu kurz, ich kann niemandem vertrauen, ich genüge nicht."

Angriffsverhalten

Angriff und Aggression haben immer die Aufgabe, uns zu beschützen. Menschen mit dieser Strategie erleben in ihrer Wahrnehmung Feindbilder und Gefahren, wo keine sind, vor denen sie sich aber schützen wollen. Ihr Reptilhirn schaltet daher auf Angriff, der Verstand ist teilweise bis vollkommen ausgeschaltet. Sie sind in der Rebellion, haben Neigung zur Impulsivität, Wutrausch, Lautwerden und Herumschreien, werfen und zerstören Gegenstände, üben körperliche Gewalt, schlagen, treten, usw. Glaubenssätze dieser Menschen sind: „Die Welt / die anderen sind böse, ich komme zu kurz, ich bin nicht wichtig, ich werde übersehen, ich bin unterlegen."

Sucht nach Anerkennung und Perfektion

„Um geliebt zu sein, muss ich perfekt sein und darf keine Fehler machen, (dann hat Mami mich lieb). Höher, schneller und besser ist ein wichtiges Motto von Menschen mit dieser Strategie. Seinen Selbstwert bekommt man, indem man perfekt ist und keine Fehler macht. Perfekt in dem, was man tut und wie man nach außen auf andere wirkt. Dazu gehört oft auch das Aussehen. Man darf keine Fehler oder Schwächen zeigen, die Verpackung im Außen muss glänzen und blenden, damit ja niemand die Fehler sieht, die man in Wirklichkeit hat. Glaubenssätze dazu sind: „Ich tauge nichts, ich genüge nicht, ich darf keine Fehler machen, ich bin schlecht, ich bin ein Versager."

Empathische und narzisstische Co-Abhängigkeiten

Eine ganz spezielle Schutzstrategie ist die Co-Abhängigkeit. Dabei unterscheidet man zwischen empathischer und narzisstischer Co-Abhängigkeit. Grundsätzlich gilt: Wir alle sind in irgendeiner

Weise co-abhängig, und wir sind meistens eine Mischung aus beiden Seiten.

Was bedeutet Co-Abhängigkeit?

Der Co-Abhängige bezieht seinen Selbstwert über das Außen. Des Weiteren glaubt der Co-Abhängige, dass er für die Gefühle anderer verantwortlich ist, beziehungsweise, dass die anderen für seine Gefühle verantwortlich sind. Der Co-Abhängige übernimmt nicht die Verantwortung für seine Gefühle.

Der empathisch Co-Abhängige:

„Ich bin für deine Gefühle verantwortlich. Wenn du dich schlecht fühlst, bin ich schuld. Ich muss mich um dich kümmern, deine Gefühle werden von mir hervorgerufen, und ich muss alles tun, damit du dich gut fühlst. Wenn du wütend bist, ist es meine Schuld. Ich bin für dein Glück verantwortlich. Wenn ich meine Bedürfnisse an erste Stelle setze, bin ich selbstsüchtig. Bedürfnisse und Gefühle von anderen sind wichtiger als meine eigenen. Ich kann /darf nicht Nein sagen."

Wenn diese Glaubenssätze erfüllt sind, fühlt er sich gut und wertvoll. Daher muss der empathisch Co-Abhängige sich entsprechend verhalten:

nachgeben, nett und freundlich sein, nicht um das bitten, was er möchte, sich selbst aufgeben, einfach mitziehen, schmeicheln, mit dem Standpunkt von anderen übereinstimmen, sich selbst herabsetzten, seine eigenen Wünsche und Bedürfnisse zensurieren.

Der narzisstisch Co-Abhängige:

„Andere sind für meine Gefühle wie Wut, Angst, Trauer, Scham usw. verantwortlich. Andere sind für mein Verhalten verantwortlich und sie sind schuld, wenn ich mich schlecht fühle, krank werde, herumschreie, gewalttätig werde oder sie verlasse. Wer mich liebt, tut das, was ich will und brauche, wer zuerst an sich selbst denkt, ist selbstsüchtig. Es ist die Aufgabe der anderen, mir Bestätigung zu geben und sich so zu verhalten, dass es mir gut geht."

Werden diese Glaubenssätze nicht erfüllt, muss der narzisstisch Co-Abhängige dafür sorgen, dass sich andere so verhalten wie er das will. Er wird versuchen, sein Umfeld zu manipulieren durch Verhalten wie: kritisieren, spöttische Bemerkungen machen, Augenbrauen heben, missbilligende Seufzer, schreien, vor Wut schäumen, Schuldzuweisung, lügen, moralisieren, andere therapieren,

Besserwisser sein, schlagen, mit Gegenständen werfen, drohen, Gewalt ausüben, aber auch durch stillschweigenden Rückzug oder „Ich Ärmste/r"-Tränen, Opferhaltung usw.

Überprüfe einmal, wann und wo du in deinem Leben so denkst und so handelst?

Wichtig! Es ist eine Lüge zu glauben, dass du für die Gefühle anderer verantwortlich bist, oder dass andere für deine Gefühle verantwortlich sind. Jeder Mensch ist immer nur für seine eigenen Gefühle verantwortlich.

Wenn jemand etwas tut oder nicht tut, ist das nichts anderes als ein „WuWu". Der andere drückt bei dir auf einen Knopf und ein Programm startet. Das Gefühl, das du jetzt erlebst, ist ein altes Gefühl, das bereits in dir steckt. Es wird nicht durch den andern produziert. Somit kann der andere auch nicht für das Gefühl verantwortlich sein. Übernimm du die Verantwortung für deine Gefühle. Schau hin, woher dieses Gefühl kommt, und löse es auf. Das I Love Me Prinzip gibt dir dazu die Werkzeuge.

Gedanken und Glaubenssätze überprüfen

Unsere Gedanken und Glaubenssätze bestimmen unser Verhalten und unsere erlebte Lebenswirklichkeit. Daher müssen wir unsere Gedanken und Glaubenssätze auf Wahrheit überprüfen.

Die Amerikanerin Byron Katie hat dazu eine wunderbare Technik entwickelt. Sie nennt diese Technik

„The Work". Die Technik basiert auf vier Fragen und drei Umkehrungen. Mit „The Work" kannst du deine Glaubenssätze und Gedanken auf Wahrheit überprüfen.

Mehr zu Byron Katie findest du auch hier: www.thework.com

So geht das:

Nimm einen belastenden Gedanken oder Glaubenssatz (*z.B. Ich bin nicht gut genug*) und beantworte dazu folgende Fragen.

Die vier Fragen

1. Frage

Stimmt das?

2. Frage

Kannst du mit absoluter, hundertprozentiger Sicherheit wissen, dass dieser Gedanke/Glaubenssatz stimmt, also die absolute Wahrheit ist?

3. Frage

Was ist und wie ist es in deinem Leben, wenn du diesen Gedanken oder Glaubenssatz glaubst:

- Bringt er dir Stress oder Frieden in dein Leben?
- Welches Körperempfinden hast du, wenn du diesen Gedanken oder Glaubenssatz glaubst (Ruhe oder Unruhe, Druck im Bauch, Schultern, Kopf usw.)?
- Welche Gefühle erlebst du, wenn du diesen Gedanken glaubst?
- Welche Süchte, Zwänge oder Blockaden zeigen sich? (Was musst du machen oder was kannst du nicht machen?)
- Wie gehst du mit anderen um, wie erleben dich die anderen? (Familie, Freunde usw.)
- Wie gehst du mit dir selbst um - wie behandelst du dich selbst, wenn du diesen Gedanken oder Glaubenssatz glaubst?

4. Frage

Was würde sich in deinem Leben verändern, wenn du diesen Gedanken oder Glaubenssatz nicht mehr hättest?

- Wäre mehr Stress oder Frieden in deinem Leben?
- Was würde sich an deinem Körperempfinden verändern?
- Was würde sich in deinen Gefühlen verändern?
- Was würde sich bei deinen Süchten, Zwängen und Blockaden verändern? Wie würde sich der Umgang mit anderen Menschen verändern? Wie würden sie dich erleben? Was würde sich im Umgang mit dir selbst verändern?

Jetzt nimm deinen Gedanken oder Glaubenssatz und kehre ihn ins Gegenteil.

Beispiel: „Ich bin nicht gut genug"

1. Umkehrung: „Ich bin gut genug"

Jetzt suche Beispiele aus deinem Leben, wo dieser Satz stimmt. Suche Beispiele, wo du „gut genug" bist.

2. Umkehrung: „Andere sind nicht besser als ich"

Suche Beispiele, wo dieser Satz stimmt.

3. Umkehrung: „Ich bin besser als andere"

Suche Beispiele, wo dieser Satz stimmt.

Durch diese Technik wirst du feststellen, dass dein Gedanke oder Glaubenssatz nicht stimmt. Je öfter du deine Gedanken mit dieser Technik überprüfst und bewusst feststellst, dass sie nicht stimmen, umso weniger werden sie in deinen Gedanken auftauchen, bis sie dann irgendwann ganz verschwunden sein werden.

Das JA zu dem was ist, ist das JA zum Leben

Wodurch entsteht Leiden? Es ist das Erleben von Gefühlen wie Ärger, Wut, Angst, Hass, Ohnmacht, Kleinheit, Minderwertigkeit, Einsamkeit, Eifersucht, Neid usw., was uns leiden lässt.

Diese Gefühle, durch die wir Leiden erleben, entstehen aber nicht durch das, was in unserem Leben gerade geschieht. Also nicht durch die Realität, nicht durch Fakten, nicht durch Ereignisse, Begegnungen, nicht durch das, was jemand sagt, tut oder nicht tut. Wir leiden nicht durch die Tatsache, dass wir zum Beispiel verlassen werden, jemand stirbt, wir unseren Job verlieren usw.

Sondern wir leiden durch unser verwirrtes Denken!! Leiden entsteht durch nicht erfüllte Glaubenssätze. Wir haben ein anderes Bild im Kopf darüber, wie die Realität sein soll, als wie die Realität wirklich ist.

Wir glauben, die Realität müsse anders sein, die Realität müsse so sein wie wir das wollen, wie wir uns das vorstellen. So sagen wir **NEIN** zu dem, was geschieht, was ist.

Wir leiden nicht, weil jemand gestorben ist, weil wir verlassen werden, weil wir unseren Job verloren haben, sondern weil wir die Wahrheit nicht akzeptieren können.

Unser Leiden, Unzufriedenheit, Ärger, Wut, Trauer, Verzweiflung usw. ist ein Krieg, den wir gegen die Realität führen. Diesen Krieg führen wir in uns selbst, und den haben wir verloren, bevor wir ihn begonnen haben!

Das Leiden entsteht aus dem Konflikt zwischen der Vorstellung (Gedanken / Glaubenssätze) in unserem Kopf, wie wir glauben, dass es sein soll, und der Tatsache, wie es wirklich ist.

Mein Denken >> Leiden << Die Realität

Das was wir glauben, ist aber nur in unserem Kopf, das sind nur unsere Gedanken. Die Realität, die Wahrheit, ist aber eine ganz andere. Dieses NEIN zur Realität erzeugt unser Leiden.

Sag JA zum Leben

Die Lösung für alle Probleme ist ein JA zu dem, was ist. Solange du die Wahrheit nicht akzeptierst, wirst du leiden, so einfach ist das.

- Er muss mich lieben – er liebt aber eine andere
- Sie darf nicht fremd gehen – sie hat aber mit jemand anderem Sex
- Sie dürfen mir nicht kündigen – du bist aber gekündigt
- Er darf nicht sterben - er ist aber gestorben
- Das darf nicht kaputt gehen - es ist aber kaputt

Natürlich ist es nicht immer leicht, zu allem was ist, JA zu sagen. Vielleicht sagst du jetzt sogar, „ich kann doch nicht alles akzeptieren" – Doch, denn es bleibt dir nichts anderes übrig. Alles was ist, das ist. Ob es dir passt oder nicht. Solange du aber NEIN sagst und dagegen kämpfst, wirst du leiden. Somit bist du OPFER dessen, was gerade in deinem Leben passiert. Sobald du aber JA sagst, „Ja, genauso ist es", dich vielleicht sogar vor dem Schicksal verneigst und sagst: „Ja liebes Universum, du bist mächtiger als ich. Ja, genau so ist es. Ich akzeptiere die Tatsache, dass es im Hier und Jetzt so ist. Ich akzeptiere, dass die Rahmenbedingungen in meinem Leben jetzt so sind.", schaffst du dir die Basis zum Gestalter zu werden. Sobald du akzeptiert hast, kannst du dich nämlich fragen: „Was kann ich jetzt tun, damit es besser kommt?" Somit bist du nicht mehr Opfer dessen, was gerade in deinem Leben passiert, sondern du beginnst die Realität zu gestalten.

Ich lade dich ein, das zu üben. Präge dir den Satz **„Ja genauso ist es"** so ein, dass er ein Alltagssatz in deinem Sprachgebrauch wird. Benutze den Satz ab jetzt auch bei kleinen unwichtigen Dingen, die „schief" laufen, immer und immer wieder. So wird es dir auch leichter fallen, bei schwierigeren Situationen, die in dein Leben kommen, JA dazu zu sagen.

Beispiele:

- Du stehst im Stau - „Ja, genauso ist es"
- Du kommst zu spät zum Meeting - „Ja, genauso ist es"
- Der Bus fährt dir vor der Nase weg - „Ja, genauso ist es"
- Du schüttest das Rotweinglas über die weiße Hose aus - „Ja, genauso ist es"
- Dir fällt deine Lieblingstasse auf den Boden und zerspringt - „Ja, genauso ist es"

Arschengel sind deine Entwicklungshelfer

Über Arschengel haben wir ja schon gesprochen. Es sind Menschen, die bei dir negative Gefühle auslösen. Sei es durch ihr Verhalten, weil sie irgendetwas zu dir sagen oder weil sie dir einfach so mächtig auf den Zeiger gehen. Arschengel sind aber deine größten Entwicklungshelfer, wenn du mit ihnen umzugehen weißt.

Mache einmal folgende Überlegung: da ist jemand, der tut etwas, beziehungsweise etwas nicht, der sagt irgendetwas, oder manchmal reicht bloß, dass jemand von ihm erzählt oder du an jemanden denkst, dass du ein unangenehmes Gefühl erlebst. Ein Arschengel kontrolliert also dein Leben und schafft es immer wieder, dass du dich schlecht fühlst. DAS DARF DOCH NICHT SEIN, dass du jemandem so viel Macht über dich gibst!

Wie kannst du von Arschengeln profitieren?

Sei dir bewusst: das Gefühl, welches ein Arschengel bei dir auslöst, kommt nicht von ihm. Niemand macht dich wütend, traurig, einsam, minderwertig, verlassen, usw. Diese Gefühle müssen schon lange in dir sein. Was der Arschengel durch sein Verhalten macht, ist nur ein „WuWu". Dadurch startet in deinem Unterbewusstsein ein Programm, und du erlebst die Gefühle, die du dann fühlst.

Oft rutschen wir dann aber in ein narzisstisch coabhängiges Verhaltensmuster. Wir fühlen uns als Opfer des Arschengels und sagen: „Deinetwegen fühle ich mich..." Aber das ist nicht wahr, denn niemand ist für deine Gefühle verantwortlich. Das unangenehme Gefühl kannst du nur erleben, wenn du ein entsprechendes Programm hast. Hättest du das Programm nicht, würde dein Türsteher das, was der Arschengel macht, nicht in dein Bewusstsein bringen, und es würde nicht zu deiner erlebten Lebenswirklichkeit. Wenn du also immer wieder erlebst, dass dich jemand verletzt, du dich im Stich gelassen oder verlassen fühlst oder wirst, dich jemand traurig, wütend usw. macht, zeigen dir diese Arschengel nur: „Hey, du hast da ein altes Programm, das du auflösen darfst."

Das was du da immer wieder erlebst, um dieses Gefühl, darfst du dich wie oben beschrieben kümmern.

Opfer oder Gestalter

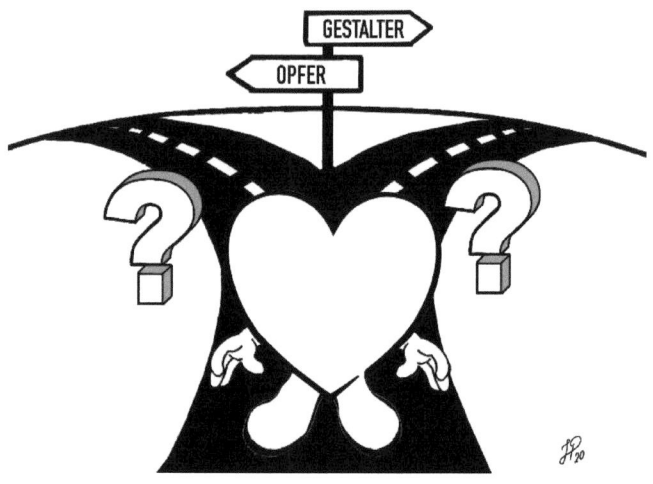

Ein glückliches Leben zu leben ist eine Entscheidung. Wir fällen den ganzen Tag Entscheidungen.
Unwichtige Entscheidungen wie: welche Unterho-
sen ziehe ich heute an. Mittelwichtige Entscheidungen wie: wohin fahre ich in Urlaub, und wichtige
Entscheidungen wie: mit welchen Menschen ver-
bringe ich meine Zeit, was und wo Arbeite ich, usw.
Dann gibt es ganz besonders wichtige Entscheidungen, und darüber möchte ich jetzt mit dir reden.

Übrigens ist auch sich nicht zu entscheiden eine Entscheidung - allerdings eine schlechte. Denn wenn du dich nicht entscheidest, entscheiden andere über dich und dein Leben.

Willst du als Opfer oder als Gestalter durch dein Leben gehen?

Im Leben eines jeden geschehen immer wieder Dinge, welche wir uns nicht wünschen. Jeder Mensch erlebt Enttäuschungen, Verluste, Ablehnung, bis hin zu Schicksalsschlägen. Das gehört zum Leben und niemand ist davon verschont. Wir können nicht wählen, ob wir in unserem Leben schwierige Momente erleben oder nicht, aber wir können entscheiden, wie wir damit umgehen. Egal was in deinem Leben Schlimmes geschieht, du hast immer die Wahl, ob du davon Opfer sein möchtest oder ob du zum Gestalter werden möchtest.

Wir haben schon über das „Ja genauso ist es" gesprochen. Sag Ja zu dem was ist, egal wie schlimm es ist, und dann beginne damit, das was ist zu gestalten, indem du dir sagst: „Was kann ich jetzt tun, damit es besser kommt". Ganz wichtig ist, dass wir ins Handeln kommen und uns fragen, was wir als nächsten Schritt tun können.

Das was du dann tust, muss noch keine finale Lösung sein, aber dadurch, dass du beginnst zu handeln, fällst du weniger in ein Loch. Als Opfer bist du einem bösen Universum ausgeliefert, du bist handlungsunfähig. Wenn du dich aber weigerst Opfer zu sein, und dich dazu entscheidest, das was da gerade geschieht zu gestalten, wirst du jede Krise gut überstehen. Also: möchtest du als Opfer oder als Gestalter durchs Leben gehen?

Recht haben oder glücklich sein

Die zweite große Entscheidung ist: willst du Recht haben oder glücklich sein? Unser größter Feind ist unser EGO. Das EGO will immer Recht haben. Wir fangen deshalb manchmal an für Dinge zu kämpfen, die absolut unwichtig sind. Das EGO hat oft Mühe damit, Ja zu sagen zu dem, was gerade ist. Es sagt:

„NEIN, so darf es nicht sein, es muss so sein wie ich es will".

Daher rate ich dir nochmals: höre auf, gegen das zu kämpfen was ist, egal wie schlimm es auch sein mag. Sag „JA, genauso ist es" und „Was kann ich jetzt tun, damit es besser kommt." Wenn es Situationen gibt, in denen es dir schwer fällt Ja zu sagen, dann frage dich: „Möchtest du jetzt Recht haben oder lieber glücklich sein?" Das ist eine Entscheidung - deine Entscheidung. Was ist dir wichtiger?

Leben ist eine begrenzte Ressource. Der durchschnittliche Mensch lebt 650`000 Stunden. Möchtest du am Ende deines Lebens sagen können „alles scheiße, aber ich habe Recht gehabt" oder möchtest du sagen „ich habe ein glückliches Leben gelebt und habe immer das Beste daraus gemacht"? Es ist in jedem Moment deine Entscheidung. Möchtest du Recht haben oder lieber glücklich sein?

Schützen oder Lernen

Wir leben in einer Zeit der Veränderung. Du hast dieses Buch bis hierher gelesen, weil du etwas in deinem Leben verändern willst. Und somit ist es Zeit für die dritte große Entscheidung.

In unserer Kindheit und Vergangenheit hat unser Unterbewusstsein die Programme entwickelt, nach denen wir heute funktionieren, wie wir uns entscheiden, was wir glauben, was nicht und wie wir unsere Lebenswirklichkeit wahrnehmen. Unsere Glaubenssätze und unsere Schutzstrategien hat das

Unterbewusstsein aus einem einzigen Grund gebildet: um uns zu schützen, weil wir in der frühen Kindheit in einer absoluten Abhängigkeit waren und uns, um zu überleben, anpassen mussten.

Ganz viele dieser früheren Schutzstrategien wirken und steuern heute noch unseren Alltag. Die meisten sind jedoch gar nicht mehr notwendig, weil wir heute wissen, dass unser Leben nicht gefährdet ist. Wenn wir als Kind Ablehnung erleben, löst das eine Todesangst aus, weil das Kind weiß, dass es alleine nicht überlebensfähig ist. Wenn du heute als Erwachsener von jemandem Ablehnung erlebst, ist das keine lebensbedrohliche Situation mehr, aber dein Unterbewusstsein reagiert immer noch so. Daher tun wir noch heute ständig Dinge, um ja von niemandem Ablehnung erleben zu müssen. Dieses Verhalten ist ein unbewusster, automatischer Schutz.

Die große Entscheidung, die du nun fällen darfst, ist: willst du dich immer noch schützen und somit Gefangener deiner Programme sein, oder willst du lernen, das heißt, diese Programme hinterfragen und überprüfen.

Das ist die Entscheidung zwischen Gefangenschaft und Freiheit. Schützen oder Lernen.

Das I Love Me Prinzip gibt dir alle Werkzeuge, um dich auf „eigentherapeutische Art und Weise" von alten Mustern wie Blockaden, Ängsten, Süchten und Zwängen zu befreien. Es zeigt dir, wie du deine eigenen Programme erkennen und danach auflösen kannst.

Es zeigt dir zunächst, wie du alte, belastende Gefühle erkennst, und dann, wie du an die Wurzeln und Ursachen dieser Gefühle herankommst und sie auflösen kannst. All das ist mit „Lernen" gemeint. Lernen heißt, neue Wege gehen und sich aus den alten Verstrickungen und Verwicklungen zu „entwickeln". Das nennt man „Persönlichkeitsentwicklung". Tausende Menschen sind diesen Weg schon gegangen. Ja, es braucht etwas Aufwand, genau du musst etwas tun. Und ja, es braucht auch etwas Zeit.

Denn die Programme, die du nun ein Leben lang eingeübt hast, sind nicht einfach von heute auf morgen verändert. Aber der Lohn, den du bekommst, ist deine Freiheit, so dass du endlich dein eigenes Leben leben kannst. Wie entscheidest du dich? Willst du dich weiter schützen oder bist du bereit zu lernen?

Du bist der wichtigste Mensch in deinem Leben

Wenn ich in meinen Therapiesitzungen oder Seminaren die Leute frage: „Wer ist der wichtigste Mensch in deinem Leben?", dann höre ich heute meistens die Antwort: „Ja ich weiß, ich bin der wichtigste Mensch". Ich frage dann meist nach: „Behandelst du dich auch so?".

Heute weiß eigentlich jeder, dass „ich der wichtigste Mensch bin", aber es ist erschreckend, wie lieblos wir trotzdem ständig mit uns selbst umgehen. Wir alle haben es schon in zahlreichen Büchern gelesen, posten es tausendfach bei Facebook, machen vielleicht sogar regelmäßig Autosuggestionen usw.

Aber so weit verstanden, dass wir uns auch dementsprechend verhalten, haben diesen Satz die wenigsten. Immer wieder übernimmt der Kritiker in unserem Kopf die Führung, und wir misshandeln uns mit lieblosen inneren Dialogen wie, „ich kann das nicht, andere sind besser als ich, ich bin zu fett, ich bin nicht liebenswert" usw.

Wenn wir uns dann sagen: „Ich bin der wichtigste Mensch", taucht in uns sofort der Gedanke oder das Gefühl auf: „So wichtig bin ich auch nicht" oder „Jeder ist ersetzbar".

Du musst wissen, dass du der wichtigste Mensch in deinem Leben bist, und dir das immer wieder klar machen. Oftmals, wenn ich eine Mutter frage, wer der wichtigste Mensch in ihrem Leben ist, bekomme ich die Antwort: „Mein Kind". Darauf antworte ich dann: „Nein falsch, DU bist der wichtigste Mensch." Darauf antwortet dann die Mutter, „Nein bei mir ist das anders, es ist mein Kind". Darauf antworte ich dann: „Okay, du möchtest doch eine gute Mutter sein, du möchtest die beste Mutter sein." „Ja klar", antwortet sie. Worauf ich sage: „Du kannst aber nur eine gute Mutter sein, wenn es dir gut geht, wenn du ein gutes Vorbild für dein Kind sein kannst, wenn du sicher, glücklich, zufrieden und mit beiden Beinen im Leben stehst. Damit du das kannst, musst du dafür sorgen, dass es dir gut geht." Das heißt, du musst zuerst für dich und dein Leben sorgen. Nur so hast du überhaupt die Möglichkeit, für andere da zu sein, und wirklich anderen zu helfen.

Menschen, die für sich sorgen, die liebevoll mit sich selbst umgehen und danach schauen, dass es zuerst ihnen gut geht, solche Menschen sind zufrieden. Solche Menschen sind eine Bereicherung für andere Menschen und diese Welt. Es ist schön, Menschen zu begegnen, denen es gut geht, die zufrieden und glücklich sind.

Menschen, die sich selbst nicht wichtig nehmen, die sich nicht um sich selbst kümmern, werden zu einer

Belastung für andere Menschen und für diese Welt. Du musst niemanden retten, außer dich selbst. Schau danach, dass es dir gut geht, dann bist du auch in der Lage, anderen zu geben.

Ganz einfach gesagt: nur wer hat, kann auch geben.

Schamanen dritteln ihre Energie:

Ein Drittel brauchen sie für sich selbst, ein zweites Drittel brauchen sie als Reserve, damit sie sicher immer selbst genug Energie haben, und nur das letzte Drittel brauchen sie, um anderen Menschen zu helfen. Nur so sind sie überhaupt in der Lage, jederzeit anderen helfen zu können.

Sei wie ein Schamane und schau, dass es dir gut geht, dass du glücklich bist. Glückliche und zufriedene Menschen führen keine Kriege. Werde zu einer Bereicherung für andere, indem du schaust, dass es dir gut geht und es Spaß macht, dir zu begegnen, dich in der Nähe zu haben.

Du bist der wichtigste Mensch in deinem Leben - vergiss das nie!

Verändere dein Leben mit dem I Love Me Prinzip

Das I Love Me Prinzip ist eine Einladung zu einem neuen Denken und Handeln, welchem du in deinem Leben einen Platz geben kannst, wenn du das willst. Es geht also um **dein aktives und bewusstes Handeln**.

Nimmst du diese Einladung an, dann weiß ich, dass es dein Leben positiv verändern wird. Bist du bereit, Verantwortung für dich und dein Leben zu übernehmen?

Das I Love Me Prinzip ist erprobt, und es funktioniert. Ich weiß es aus der Erfahrung in meinem eigenen Leben und aus den Erfahrungen als Therapeut mit unzähligen Menschen in Therapiesitzungen und Seminaren.

Mit dem I Love Me Prinzip konnte ich schon tausenden Menschen helfen, ihr Leben zu verändern.

Auch du, ganz egal wo du heute stehst, kannst dein Leben in eine glückliche und zufriedene Erfolgsgeschichte verwandeln.

NOCHMALS! Es braucht nur eines:

Du musst bereit sein, die Verantwortung für dein Leben zu übernehmen, und dann Schritt für Schritt handeln.

Du bist der Schöpfer deines Lebens und du kannst heute beginnen, es zu verändern. NUR DU!

Was kannst du jetzt tun?

Mit dem Kauf dieses Buches kannst du kostenlos an einem Online Workshop teilnehmen. Darin erkläre ich dir als dein persönlicher Coach in Videolektionen die einzelnen Punkte des I Love Me Prinzips nochmals genau.

Auf unserer Webseite kannst du des Weiteren auch kostenlos Hypnose MP3s, weitere Informationen, Arbeitsblätter und vieles mehr herunterladen. Auf der I Love Me Community Seite kannst du dich mit anderen Menschen austauschen, in Gruppen beitreten usw. Gerne helfen wir dir auch persönlich in 1:1 Coachings oder Seminaren bei deiner Persönlichkeitsentwicklung mit dem I Love Me Prinzip.

So kommst du zum kostenlosen Video Workshop:

1. Registriere dich auf der I Love Me Webseite
   https://iloveme.one/meinWorkshop

2. Klicke beim „I Love Me Workshop zum Buch" auf **„Diesen Kurs nehmen"**

3. Gebe bei „Promotion-Code" den folgenden Code ein *LOv259E*

4. Klicke auf **„Nachberechnen"** (Der Gesamtbetrag muss jetzt auf 0.00€ stehen).

5. Klicke auf **„Check Out"**

6. Beginne deinen Workshop mit Klicken auf die erste Lektion

7. Sollte etwas nicht klappen schreib unserem Support.

Das Große Buch zum I Love Me Prinzip

In diesem Buch nimmt dich Daniel Hauenstein auf über 360 Seiten mit auf eine spannende Reise zu dir selbst.

Das Buch liest sich so wie ein persönliches Coaching, bei dem du mit deinem Schweizer Coach bei einem Tässchen Kaffee zusammensitzt, und er dir alles mit einfachen Worten erklärt. Schritt für Schritt erfährst du die Geheimnisse eines glücklichen und erfolgreichen Lebens, und wie du diese in deinem Leben realistisch umsetzten und nutzen kannst. Er zeigt dir, wie das I Love Me Prinzip funktioniert, und erklärt einfach verständlich, wie du dein Leben verändern kannst. Hier kannst du das große **I Love Me Prinzip Buch** bestellen

www.iloveme.one/buch

I Love Me
Online - Community

Lerne aufgeschlossene und reflektierte Menschen kennen, welche auch an ihrer Persönlichkeitsentwicklung arbeiten, und bleibe in Verbindung. Teile Infos, Erfahrungen, Tipps und Ratschläge sowie Fotos, Videos und vieles mehr. Tausche dich in Themengruppen über das Leben, die Welt, Persönlichkeitsentwicklung, Problemlösungen, usw. aus. Lade kostenlose MP3 Hypnosereisen, Arbeitsblätter usw. herunter.

Werde jetzt <u>kostenlos</u> Basismitglied der I Love Me Community und profitiere:

- Kostenlose Downloads (MP3 / PDF)
- Eigenes Profil erstellen
- Online posten und teilen
- Bilder und Videos teilen
- Kommentare schreiben
- Privatnachrichten senden / empfangen
- Videochat mit anderen Usern
- Gruppen beitreten und Inhalte lesen und posten
- Marktplatz gratis inserieren
- Forumsbeiträge sehen und antworten
- Online Workshops buchen

Mehr Infos auf **www.iloveme.one oder QR Code**

I Love Me
DAS SEMINAR

Auf unserer Webseite findest du die Möglichkeit das große I Love Me Seminar online zu machen.

Der Inhalt der 30 Lektionen bietet dir neben den über 35 Stunden Videokurs auch zahlreiche Übungen, Arbeitsblätter, Hypnoseübungen als MP3 und vieles mehr.

Heile dein verletztes Inneres Kind mit einem spannenden Selbstfindungsseminar. Folgende Themen werden wirkungsvoll bearbeitet:

- Erkennung sowie Auflösung des Problemmusters
- Meisterung jeder Lebenskrise
- Umgang mit Ängsten und negativen Gefühlen
- Aufbauen von Selbstvertrauen
- Das Leben entspannter angehen
- Aufarbeitung der Vergangenheit

www.iloveme.one/seminar

I Love Me Retreat auf El Hierro

Gönne dir eine Woche persönliches Retreat auf der I Love Me Finca El Hierro. (I Love Me Verein)

Du suchst einen Rückzugsort, um einmal nur Zeit für dich zu haben, zur Selbstfindung, etwas loszulassen, mit deinem inneren Kind zu arbeiten oder einfach zur Erholung? Gerne begleiten und unterstützen wir dich dabei. Wir bieten exklusiv für unsere **I Love Me Vereinsmitglieder** eine Retreat-Möglichkeit auf der I Love Me Finca El Hierro. Werde jetzt I Love Me Vereinsmitglied!

Weitere Informationen zum Retreat und dem **I Love Me Verein** findest du auf unserer Webseite: www.iloveme.one

Ausbildung zum
I Love Me Therapeut

Fernstudium: **Mentalprozesstherapie ist das therapeutische Innere Kind Arbeiten mit dem** I Love Me Prinzip

Als Mentalprozesstherapeut hilfst du Menschen bei ihrer Selbstfindung und Persönlichkeitsentwicklung oder du begleitest Menschen aus einer Lebenskrise.

Was du in dieser Ausbildung alles lernst:

- Grundlagen Psychologie
- Therapie mit dem I Love Me Prinzip
- Fachtherapeut für Arbeit mit dem Inneren Kind
- Hypnosetherapie
- Therapeutische Gesprächsführung
- Gesprächstherapie nach Rogers
- Systemische Arbeit
- Paar- & Familientherapie
- Kinder- und Jugendtherapie
- Entspannungstherapeut

Diese Ausbildung ist ein Online Fernstudium. **Ausbildungsdauer:** 12 - 36 Monate. Weitere Infos unter: www.iloveme.one oder QR Code

Ich widme dieses Buch allen Menschen, die am Erwachen sind:

«Ich liebe das Leben und das Leben liebt mich,

voll` Freud und Vertrauen, die Zukunft in Sicht,

verantwortungsvoll gehe ich Tag für Tag

auf dem Wege zum Glück, weil

das Leben mich mag»

Herzlichst

Daniel Hauenstein

Meine Notiz: